THIS NOTEBOOK BELONGS TO:

NAME •  _____

CONTACT •  _____

EMAIL •  _____

A

A

# A

B
C
D
E
F
G
H
I
J
K
L
M
N
O
P
Q
R
S
T
U
V
W
X
Y
Z

# A

B
C
D
E
F
G
H
I
J
K
L
M
N
O
P
Q
R
S
T
U
V
W
X
Y
Z

A

B

**B**

A
C
D
E
F
G
H
I
J
K
L
M
N
O
P
Q
R
S
T
U
V
W
X
Y
Z

B

**B**

C

C

A
B

# C

D
E
F
G
H
I
J
K
L
M
N
O
P
Q
R
S
T
U
V
W
X
Y
Z

C

C

# D

D

D

D

A
B
C

**D**

E
F
G
H
I
J
K
L
M
N
O
P
Q
R
S
T
U
V
W
X
Y
Z

D

E

E

E

E

E

E

F

F

**F**

A
B
C
D
E
G
H
I
J
K
L
M
N
O
P
Q
R
S
T
U
V
W
X
Y
Z

F

F

A
B
C
D
E
G
H
I
J
K
L
M
N
O
P
Q
R
S
T
U
V
W
X
Y
Z

F

G

G

A

B

C

D

E

F

# G

H

I

J

K

L

M

N

O

P

Q

R

S

T

U

V

W

X

Y

Z

A B C D E F

# G

H I J K L M N O P Q R S T U V W X Y Z

G

H

H

H

H

A B C D E F G H I J K L M N O P Q R S T U V W X Y Z

# H

H

A
B
C
D
E
F
G
H
I
J
K
L
M
N
O
P
Q
R
S
T
U
V
W
X
Y
Z

A
B
C
D
E
F
G
H
I
J
K
L
M
N
O
P
Q
R
S
T
U
V
W
X
Y
Z

I

A
B
C
D
E
F
G
H
I

**J**

K
L
M
N
O
P
Q
R
S
T
U
V
W
X
Y
Z

J

A
B
C
D
E
F
G
H
I

**J**

K
L
M
N
O
P
Q
R
S
T
U
V
W
X
Y
Z

J

A
B
C
D
E
F
G
H
I

**J**

K
L
M
N
O
P
Q
R
S
T
U
V
W
X
Y
Z

J

K

K

K

K

K

A

B

C

D

E

F

G

H

I

J

K

**L**

M

N

O

P

Q

R

S

T

U

V

W

X

Y

Z

L

A
B
C
D
E
F
G
H
I
J
K

L

M
N
O
P
Q
R
S
T
U
V
W
X
Y
Z

L

A
B
C
D
E
F
G
H
I
J
K
L

# M

N
O
P
Q
R
S
T
U
V
W
X
Y
Z

M

A
B
C
D
E
F
G
H
I
J
K
L

# M

N
O
P
Q
R
S
T
U
V
W
X
Y
Z

M

A
B
C
D
E
F
G
H
I
J
K
L

**M**

N
O
P
Q
R
S
T
U
V
W
X
Y
Z

M

N

N

N

A
B
C
D
E
F
G
H
I
J
K
L
M

**N**

O
P
Q
R
S
T
U
V
W
X
Y
Z

N

O

A
B
C
D
E
F
G
H
I
J
K
L
M
N

O

P
Q
R
S
T
U
V
W
X
Y
Z

o

O

P

P

P

P

Q

A
B
C
D
E
F
G
H
I
J
K
L
M
N
O
P

**Q**

R
S
T
U
V
W
X
Y
Z

Q

A
B
C
D
E
F
G
H
I
J
K
L
M
N
O
P

**Q**

R
S
T
U
V
W
X
Y
Z

Q

A

B

C

D

E

F

G

H

I

J

K

L

M

N

O

P

Q

**R**

S

T

U

V

W

X

Y

Z

R

A
B
C
D
E
F
G
H
I
J
K
L
M
N
O
P
Q

**R**

S
T
U
V
W
X
Y
Z

R

R

A B C D E F G H I J K L M N O P Q R S T U V W X Y Z

S

A
B
C
D
E
F
G
H
I
J
K
L
M
N
O
P
Q
R

**S**

T
U
V
W
X
Y
Z

S

A
B
C
D
E
F
G
H
I
J
K
L
M
N
O
P
Q
R

**S**

T
U
V
W
X
Y
Z

S

A
B
C
D
E
F
G
H
I
J
K
L
M
N
O
P
Q
R
S

**T**

U
V
W
X
Y
Z

T

A
B
C
D
E
F
G
H
I
J
K
L
M
N
O
P
Q
R
S

**T**

U
V
W
X
Y
Z

T

A

B

C

D

E

F

G

H

I

J

K

L

M

N

O

P

Q

R

S

**T**

U

V

W

X

Y

Z

U

U

A

B

C

D

E

F

G

H

I

J

K

L

M

N

O

P

Q

R

S

T

# U

V

W

X

Y

Z

U

U

A
B
C
D
E
F
G
H
I
J
K
L
M
N
O
P
Q
R
S
T
U
**V**
W
X
Y
Z

V

# V

V

A
B
C
D
E
F
G
H
I
J
K
L
M
N
O
P
Q
R
S
T
U

**V**

W
X
Y
Z

V

W

W

A
B
C
D
E
F
G
H
I
J
K
L
M
N
O
P
Q
R
S
T
U
V

**W**

X
Y
Z

W

W

W

A
B
C
D
E
F
G
H
I
J
K
L
M
N
O
P
Q
R
S
T
U
V
W

**X**

Y
Z

X

A
B
C
D
E
F
G
H
I
J
K
L
M
N
O
P
Q
R
S
T
U
V
W
X
Y
Z

X

A
B
C
D
E
F
G
H
I
J
K
L
M
N
O
P
Q
R
S
T
U
V
W

**X**

Y
Z

X

A
B
C
D
E
F
G
H
I
J
K
L
M
N
O
P
Q
R
S
T
U
V
W
X
**Y**
Z

Y

A
B
C
D
E
F
G
H
I
J
K
L
M
N
O
P
Q
R
S
T
U
V
W
X

# Y

Z

Y

A
B
C
D
E
F
G
H
I
J
K
L
M
N
O
P
Q
R
S
T
U
V
W
X

**Y**

Z

Y

A

B

C

D

E

F

G

H

I

J

K

L

M

N

O

P

Q

R

S

T

U

V

W

X

Y

Z

Z

A

B

C

D

E

F

G

H

I

J

K

L

M

N

O

P

Q

R

S

T

U

V

W

X

Y

**Z**

Z

A
B
C
D
E
F
G
H
I
J
K
L
M
N
O
P
Q
R
S
T
U
V
W
X
Y
Z

Z

Made in the USA
Las Vegas, NV
25 April 2024

89130227R00090